Inhalt

Isarvorstadt
An der
Kapuzinerstraße
Ableitung

Das Viehhofgelände

Derzeitige Zwischennutzungen
und Pläne für die Zukunft

Bis weit in die Anfänge des letzten Jahrhunderts hinein bewältigten Pferde den Gütertransport in unseren Städten. Heute sind Pferde vorwiegend Hobby und nur noch selten Nutztiere, sodass die Bedeutung des Pferdemarktes abnahm und – obwohl aus Gründen der Tradition lange aufrechterhalten – schließlich zu seiner Verlagerung führte. Auch die Bedeutung der Großmarkthalle und des Schlachthofs ging zurück. Während sie früher ihren Einzugsbereich in Südbayern und weit darüber hinaus hatten, dienen sie heute im Wesentlichen der Versorgung Münchens und Umgebung mit frischen und qualitätsvollen Nahrungsmitteln. Großmarkthalle, Viehhof und Schlachthof haben die Identität der umliegenden Viertel geprägt und waren mit ihnen verwoben. Auch heute noch gibt es z.B. rund um den Schlachthof viele Betriebe wie Messerschleifer und überdurchschnittlich viele Metzgereien. Während Großmarkthalle und Schlachthof noch in Betrieb sind, ist mit dem Pferdemarkt die letzte ursprüngliche Nutzung des Viehhofs zu Ende gegangen. Schon längere Zeit finden sich dort in den noch bestehenden Hallen Zwischennutzungen in Form von Gewerbe für die Gastronomie ebenso wie die Kreativwirtschaft und einfach auch Lagerflächen und ein Busparkplatz für den Zeitraum des Oktoberfestes. Die Ziegelbauten, u.a. die ehemalige Hypobank und das Wirtshaus im Schlachthof stehen seit langem unter Denkmalschutz. Das weiträumig verlegte Pflaster und die großen Vordächer der Hallen verleihen dem Gelände einen Charme, der es zumindest bezüglich der Gestaltung mit dem Meatpacking District in New York durchaus aufnehmen kann.

Das Wirtshaus im Schlachthof ist schon lange eine überregional bekannte kulturelle Institution mit einem Biergarten, der keine Nachbarn stört. Aber auch die Freifläche, die nach dem wegen Baufälligkeit nötigen Abriss der Großviehmarkthalle entstanden ist, zieht mit kulturellen Zwischennutzungen viele Besucher an, ursprünglich durch das Viehhofkino mit familiärem Biergarten und später durch das Wannda Kulturfestival. Schließlich entdeckten die Graffitikünstler die großformatigen kahlen Wände für sich und luden auch internationale Künstler ein, sie zu gestalten. Aber auch die Anwohnerinnen und Anwohner kamen zum Zug. Sie konnten für Urbanes Gärtnern eine Fläche im Südosten pachten, die sich „Südgarten“ nennt. Der Indendant des Volkstheaters Christian Stückl sah auf dem Gelände den idealen Standort für den Bau seines Theaters, angesichts der Tatsache dass das Provisorium am Stiglmaierplatz keine Zukunft hat. Der Stadtrat ist ihm mit großer Mehrheit gefolgt und hat damit eine erste Festlegung für die zukünftige Nutzung getroffen.

Die Nachfolgenutzung des Viehhofgeländes lag dem zuständigen Bezirksausschuss Ludwigsvorstadt-Isarvorstadt (BA 2) schon immer am Herzen. Schon frühzeitig sah er bezahlbares Wohnen sowie für den Stadtbezirk dienliches Gewerbe vor und forderte ein Gesamtkonzept ein. Ein wichtiges Anliegen war ihm die frühzeitige Einbindung der Bürgerinnen und Bürger, sodass der BA2 im Mai 2014 mit der tatkräftigen Unterstützung des Münchner Forums eine Ideenwerkstatt veranstaltete, die mit 150 Teilnehmerinnen und Teilnehmern gut besucht war. Die Vorschläge reichten vom Gnadenhof für ehemalige Nutztiere, Erhalt der Atmosphäre und einer verbesserten Durchlässigkeit für den Fuß- und Radverkehr über die verbesserte

Grünverbindung entlang der Bahn bis zum preiswerten Wohnen, das die Unterversorgung der benachbarten Viertel (Dreimühlen- und Schlachthofviertel) mit geförderten Wohnungen widerspiegelt.
Das Thema bezahlbares Wohnen hat stadtweit an Bedeutung gewonnen. Inzwischen realisiert die Stadt auf ihren Flächen 50% geförderten Wohnungsbau und vergibt die weiteren Flächen mit langjährigen Bindungen im konzeptionellen Mietwohnungsbau (maximal Mietspiegelniveau) und an Genossenschaften, die Kreativität, bezahlbares Wohnen und Gemeinschaftsbildung zugleich garantieren. Das Gelände des Viehhofs ist in städtischem Besitz und derzeit von den Markhallen lediglich gepachtet. Frühere Ideen, der Verkauf der Grundstücke zu Höchstpreisen solle den Umzug der Markthallen auf ihrem Gelände finanzieren, sind vom Tisch.
Glücklicherweise ist die Stadt inzwischen dabei, Erfahrungen zu sammeln, wie Gewerbegebiete behutsam mit einer Mischung von Gewerbe und Wohnen weiterentwickelt werden können. Positive Beispiele sind das Kreativquartier in Neuhausen und das Werksviertel in Berg am Laim. Dort wurde nicht – wie häufig an anderer Stelle geschehen – alles abgerissen und neu geplant, sondern es bleiben viele Bestandsgebäude bestehen und das Ziel ist eine urbane Mischung von Gewerbe und Wohnen. Im Grundsatz- und Eckdatenbeschluss des gemeinsamen Ausschuss des Kommunalausschusses und des Ausschusses für Stadtplanung und Bauordnung vom 6.7.2017 – und bestätigt von der Vollversammlung am 26.7.2017 – hat der Stadtrat im Wesentlichen vertiefende Planungen im Sinne eines solches Vorgehens beschlossen und eine Mischung von kompaktem Wohnen und Gewerbe vorgesehen, allerdings – zumindest zunächst – ohne den Bestand weiterer außer den denkmalgeschützten Gebäuden zu garantieren. Der Standort des Volkstheaters befindet sich an der nordwestlichen Ecke, sodass hier am wenigsten neue Zwangspunkte entstehen. Entlang der Zenettistraße ist wegen der Lärm- und Geruchsemissionen des Schlachthofs keine Wohnnutzung möglich. Das Schlachthofgelände ist per Erbpacht bis in die 20er und z.T. 40er Jahre dieses Jahrhunderts verpachtet.
Bleibt zu hoffen, dass zumindest eine der großen Hallen mit Ihren charakteristischen Vordächern stehen bleiben kann und eine gewerbehofähnliche Nutzung dort möglich wird/bleibt. Ebenso wäre es erfreulich, wenn die charakteristischen Pflasterflächen stellenweise bleiben könnten, wobei die Barrierefreiheit (z.B. durch Ergänzung ebener Streifen mit abgeschliffenen Pflaster) verbessert werden müsste. Dringend erforderlich ist es angesichts des Grünflächenmangels der Umgebung die Grünbeziehung entlang der Bahngleise mit einem Fuß- und Radweg von der Theresienhöhe bis zur und über die Braunauer Eisenbahnbrücke anzugehen, möglichst zusammen mit dem benachbarten Bau der Berufsfachschule für Kinderpflege in der Rupperstraße, in die auch das zukünftige gemeinsame Kulturzentrum für die Stadtbezirke 2 und 6 (Sendling) integriert wird. Außerdem warten beide Stadtbezirke schon lange auf einen S-Bahn-Halt oder zumindest auf einen seit 2013 auch vom Verkehrsministerium als sinnvoll erachteten Regionalzughalt Poccistraße auf der Fläche des ehemaligen Südbahnhofs.

Paul Bickelbacher, Stadt- und Verkehrsplaner, Stadtrat und Mitglied im BA 2

Grafitti an der Außenfassade der ehemaligen Einstell-Stallungen an der Tumblingerstraße

Maul geschaut

Der Münchner Pferdemarkt

Der Münchner Pferdemarkt und seine Bedeutung im Zusammenhang mit den Schmellerhallen hat schon 1883 begonnen. Die Schmellerhallen und ihr Freigelände sowie ein Teil der Einstell-Stallungen an der Tumblingerstraße waren bis 1972 vom Münchner Pferdemarkt nicht wegzudenken. Veranstalter des Münchner Pferdemarktes war von Anfang an der „Verein der bayerischen Pferdehändler", der später in den „Verein der bayerischen Viehhändler" umgewandelt wurde. Daraus zeigt sich, dass dieser Platz in München der Dreh- und Angelpunkt des bayrischen Viehhandels war. Die Monatsmärkte, die nach dem Ersten Weltkrieg auch zeitweise 14-tägig abgehalten wurden, waren Treffpunkt und Informationsquelle der bayerischen und außerbayerischen Viehhändler – nicht zuletzt Grund für ein persönliches Wiedersehen, verbunden mit Handeln. Zur damaligen Zeit konnten es sich nur wenige Viehhändler leisten, die Wochenmärkte, noch dazu außerhalb der Kreisstadt, zu besuchen, denn die Ausreise war zu kostspielig und zeitraubend. Einmal im Monat aber ließ sich das schon ermöglichen. In der Zeit vor und nach dem Ersten Weltkrieg dauerte der Pferdemarkt in München jeweils 2 bis 3 Tage.

Die Auftriebe waren zu Anfang des Pferdemarktes 100 bis 150 Tiere. Im Verlauf von 30 Jahren sind die Auftriebe auf 500 bis 600 Tiere angestiegen.
Auch die Besucherzahl war sehr beachtlich: Sie erreichte damals zeitweise die stattliche Zahl 1000. Auf dem Markt standen damals:
Das schwere und leichte Zieh- und Wagenpferd (50%), das Schlachtpferd (25%) und das Reitpferd (25%).
Gleich nach dem Ersten Weltkrieg wurde die Schmellerhalle zweckentfremdet – die Auftriebe sind unter die Anfangszahlen gesunken. Der Pferdemarkt musste in den Seitenstallungen der Großviehmarkthalle abgehalten werden, und zwar an allen möglichen Wochentagen mit Ausnahme von Dienstag und Mittwoch. In der Schmellerhalle wurden Ochsen gemästet, die laut Versailler-Vertrag nach Frankreich zur Auslieferung kamen.

Erst im Jahre 1924 erreichte der Pferdemarkt wieder die ansehnliche Auftriebszahl von 400 bis 500 Tieren pro Monat. Das Gebrauchspferd ist mit seinem Auftriebsanteil auf 60% geklettert, das Schlachtpferd auf 30%, das Reitpferd dagegen erreichte lediglich mehr einen Anteil von 10%. Von 1933 bis Kriegsende gingen die Pferdeauftriebe auf 170 bis 200 Tiere zurück. Mittlere und leichte Gebrauchspferde, sowie das Reitpferd waren auf dem Markt so gut wie verschwunden.

Während des „Dritten Reiches" war Veranstalter der „Reichsnährstand" für den bereits bestehenden Luxusmarkt, der jedes Jahr im Frühjahr (April) durchgeführt wurde. Am 10. Januar 1935 kam der erste bayerische Hengstmarkt mit Sammelkörung für Oberbayern hinzu, dessen Veranstalter der „Landesverband der bayerischen Pferdezüchter" war. Der erwähnte alljährliche Luxusmarkt brachte immer sehr hohe Auftriebe mit etwa 600 bis 700 Tieren. Der am 20. mit 23. April 1993 veranstaltete Luxusmarkt verzeichnete beispielsweise einen Auftrieb von 676 Pferden. Der Markt war mit einer Pferde-Lotterie verbunden. Bei einem Los-Preis von 1,20 Mark gab es insgesamt 12 Hauptgewinne und 430 Geldgewinne unter 100,- Mark. Der 1. Preis war ein Viererzug im Wert von 7000 Mark.

Öffentliche Lesung: „Dem Gaul ins Maul geschaut", einer Text- und Fotoreportage über den Münchner Pferdemarkt aus dem Magazin Biss von 1998

Außerdem gab es während der Markttage jeden Nachmittag Konzert, ausgeführt von einer Musikkapelle der Reichswehr sowie Vorführungen der Reit- und Fahrvereine und der Polizei-Reitschule.

Noch kurz einige Veranstaltungen im Zuge der Zweckentfremdung der Schmellerhalle: Vom 7. bis 9. Juli 1934 führte die Reichswehr den Deutschen Kavallerie-Tag durch. Vom 18. bis 25. März 1935 war ein großes Reitturnier. Ende Juli 1935 fanden SS-Reitwettkämpfe statt. Ab 1935 wurde das Schmellergelände Tummelplatz für die Hitlerjugend. Vom 26.7. bis 2.8.1937 musste das Gelände mit einem Teil der Winterstallungen für die SS-Reichs- und Reiterwettkämpfe (Internationale Rennwochen um das braune Band von Deutschland) frei sein. Vom 25. bis 29.7.1936 wurden in eigens eingebauten Boxen in der Schmellerhalle 160 Pferde sowie weitere 200 Pferde in den Winterstallungen für die Jubiläumswoche der „Hauptstadt der Bewegung" untergebracht (500 Jahre deutsche Pferderennen in München). Vom 25.5. bis 7.6.1937 fand auf dem Schmellergelände eine Reichsnährstand-Ausstellung statt. Vom 13. bis 15.3.1938 waren 210 Pferde einer Schutzpolizeigruppe untergebracht. Ab August 1938 waren alle Hallen auf dem Schmellergelände für eine Ausstellung und einen Festzug belegt (Lagerung von Plastiken und Tribünenmaterial) Zur Kulturwoche vom 13. bis 17.7.1939 mussten dazu noch 272 Reitpferde, 25 Zugpferde und 122 ungarische Ochsen untergebracht werden (Motto: 2000 Jahre deutsche Kultur). Für die „Nacht der Amazonen" vom 29. bis 31.7.1939 mussten 190 Pferde eingestellt werden. Ab dieser Zeit sodann waren die Hallen für Heereszwecke freizuhalten.

Im Frühjahr 1949 endlich konnte das Schmellergelände, jedoch ohne Hallen (Zerstörung durch Kriegseinwirkungen) von der Veterinärdirektion für den monatlichen Pferdemarkt zur Verfügung gestellt werden. Der erste Pferdemarkt nach dem Zweiten Weltkrieg wurde am 8.7.1949 abgehalten, der noch über zwei Tage ging. Erst ab 2.2.1952 wurde der Samstag-Pferdemarkt veranstaltet. Die „Einkaufs- und Liefergenossenschaft der Viehkaufleute Bayerns", eine Tochterfirma des „Bayerischen Vieh- und Fleischhandelsverbandes e.V. ist seither der Veranstalter des Münchner Pferdemarktes.

Gleich zu Anfang fand der Markt einige Male im Freien auf dem Schmellergelände statt, dann aber erfolgte die Anlieferung auf das Schmellergelände. Dort wurden die Pferde ausgeladen und sodann über die Tumblingerstraße in den Viehhof gebracht und in der Großviehhalle, vor allem in den Seitenstallungen, zum Verkauf bereitgestellt.

Ab Ende des Jahres 1972 musste jedoch umdisponiert werden, da das Schmellergelände von der Stadt München zum Teil dem Verkauf und zum Teil einer anderweitigen Nutzung zugeführt wurde. Obwohl man zunächst glaubte, der Münchner Pferdemarkt könne ohne das kostbare Schmellergelände nicht weiter abgehalten werden, zeigte sich 1973, dass dies besser ging als ursprünglich gedacht. Die bisherigen Unfallmöglichkeiten auf der Tumblingerstraße waren ausgeschaltet und für Mensch und Tier hat sich eine Besserung ergeben, da alles im Viehhof zusammen ist.

Im Jahre 1951 lagen die Auftriebe bei ca. 300 bis 400 Pferden im Monat, die Besucherzahl zwischen 500 und 600 Personen.

Informationstafel über den Schlacht- und Viehhof bei der Veranstaltung „Viertellesen" der Geschichtswerkstatt Ludwigsvorstadt-Isarvorstadt

SCHLACHT- UND
VIEHHOF
Foto-Dokumentation 2014
IDEENWERKSTATT VIEHHOF
LAGEPLAN
ZENETTISTRASSE
THALKIRCHNER STRASSE
DB-GELÄNDE
LAGERHAUSSTRASSE

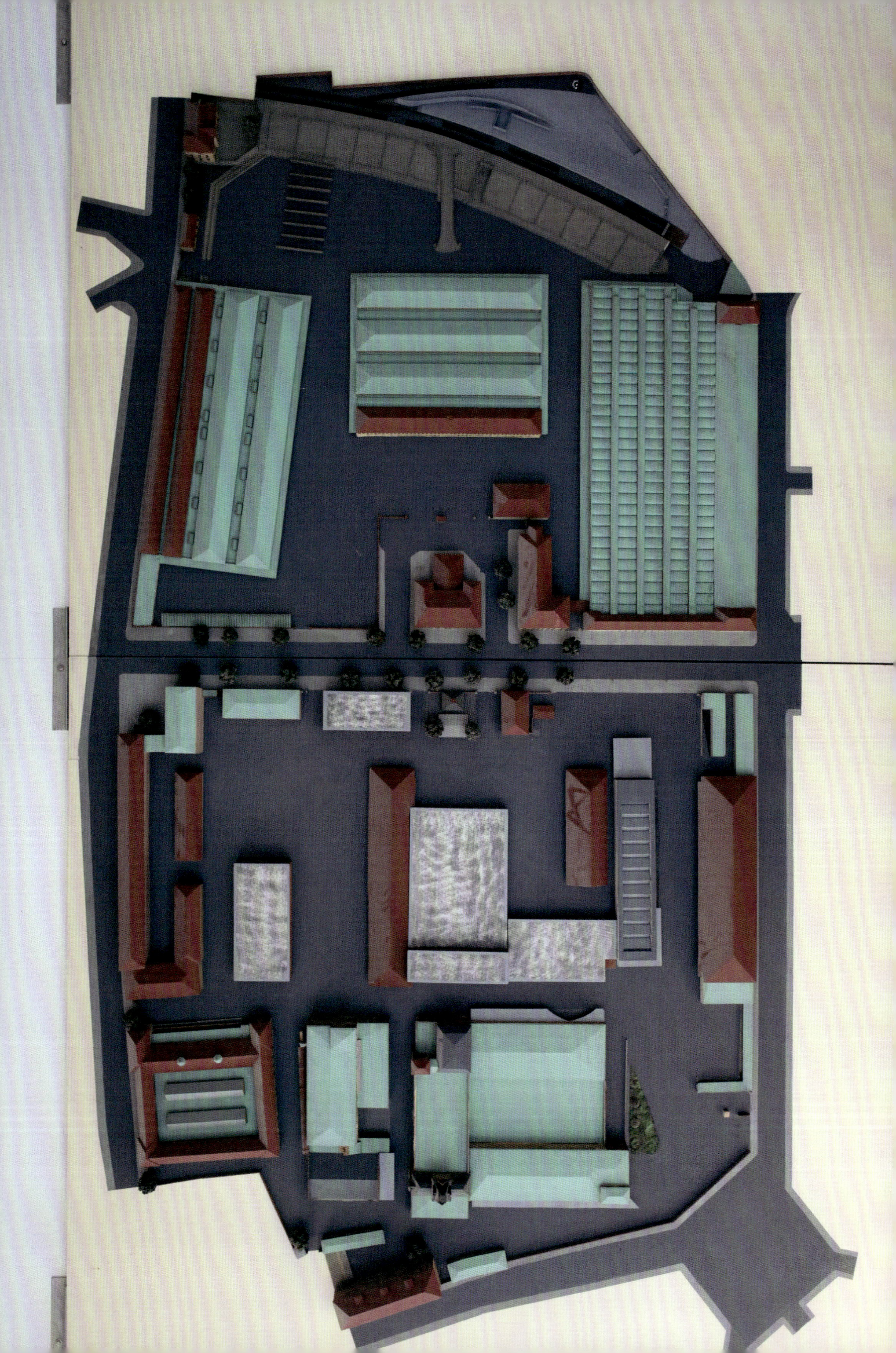

Modell des Schlacht- und Viehhofs, gesehen im Städtischen Veterinäramt

Im Jahre 1956 ist der Auftrieb auf 400 bis 500 Tiere angewachsen, was wohl darauf zurückzuführen war, dass zu dieser Zeit die Technisierung der Landwirtschaft im vollen Gange sich befand. Die Schlepper haben enorm zugenommen: 1949 gab es in Bayern 3.200 Schlepper und 343.485 Pferde, 1956 waren es in Bayern bereits 166.076 Schlepper und 220.827 Pferde. Kleinpferde und Ponys waren noch selten.
Da das Reit- und Sportpferd zur damaligen Zeit noch keinen Zutritt zur Gesellschaft hatte, liegt es klar auf der Hand, dass der Pferdebestand 1956 überaltert war und das Arbeitspferd einen Marktanteil von 85% aufwies. Durch die steigende Schlepperzahl ist gerade das Arbeitspferd überflüssig geworden und war somit zu 2/3 für den Pferdemetzger bestimmt. Dadurch ist es auch zu erklären, warum gerade in dieser Zeit so viele Schlachtpferde nach Italien und Frankreich exportiert wurden. Ob diese dort alle geschlachtet wurden ist fraglich, denn in der Bundesrepublik trafen auf einen Schlepper 14 ha Ackerland, in Frankreich 40 ha und in Italien sogar 79 ha. Selbst auf dem Markt München wurden in dieser Zeit bis etwa 1967 30 bis 100 Pferde pro Monat geschlachtet.

Im Spätherbst 1956 wurden die Exportbestimmungen für Schlachtpferde nach Italien und Frankreich sehr erschwert. Dadurch gingen die Exporte erheblich zurück und kamen schließlich fast ganz zum Erliegen. Auch die Pferdebestände und Marktauftriebe nahmen immer mehr ab.

Im Jahre 1966 lagen die Auftriebszahlen am Münchner Pferdemarkt zwischen 200 und 300 Stück. Die Besucherzahl ist auf 600 bis 800 Personen angewachsen. Das Arbeitsgebiet der Viehkaufleute, soweit sie mit Pferden zu tun haben, hat sich von dem kaum noch benötigten Arbeitspferd auf Reit- und Sportpferde verlagert. Der Pferdebestand ging in Bayern in dieser Zeit auf 40.000 Tiere zurück. Das Arbeitspferd und somit auch das Schlachtpferd ist fast gänzlich vom Markt verschwunden.

1976 sind die Auftriebszahlen auf 300 bis 400 Tiere angestiegen und damit auch die Besucherzahlen auf 1.000 bis 1.500 Personen geklettert. Auf dem Münchner Pferdemarkt selbst werden nur mehr kranke und verunglückte Pferde geschlachtet. Man kann sagen, dass das heutige Schlachtpferd nur mehr einen Marktanteil von höchstens 5–8% einnimmt. Das Reit- und Sportpferd hat sich seinen Platz erobert. Innerhalb der Rassen ist eine gewisse Umschichtung eingetreten, Kleinpferde, Haflinger und Ponys haben einen Marktanteil von ca. 40% erreicht. Gerade diese Pferde haben das Herz der Jugend gewonnen, sie sind nicht mehr Nutztiere, sondern werden als Haustiere gehalten. Selbst den Reitpferden ist heute zu 90 % das Gnadenbrot sicher.

Es sei noch erwähnt, dass auch von 1950 bis 1972 das Schmellergelände und die Seitenstallungen der Großviehmarkthalle immer wieder anderen Zwecken und Veranstaltungen zur Verfügung gestellt werden mussten. So fand z.B. vom 23. bis 25.9.1950 eine Pferdeleistungsschau statt, im Frühjahr 1952 mussten 7 Tage lang 250 Reitpferde anlässlich der DLG-Ausstellung untergebracht werden. Der Reit- und Fahrverein Bayern veranstaltete vom 16. bis 20.9.1954 ein Springtunier auf der Theresienwiese, weswegen 5 Tage lang 30 Pferde zur Einstellung kamen. Im Frühjahr 1955 sowie im Jahre 1959 mussten wiederum anlässlich der DLG-Ausstellung Pferde untergebracht werden.

Kein
Ausstieg
Fotoinstallation
von
Andreas
Bohnenstengel

Wie die hohen Besucherzahlen beweisen, ist der Münchner Pferdemarkt zum Pferde-Umschlageplatz für den ganzen süddeutschen Raum und für das Alpenland geworden. Handel und Privatleute beschicken den Markt und treten auch wieder als Käufer auf. Es ist anzunehmen, dass nach den harten Kriegs- und schweren wirtschaftlichen Aufbaujahren der Mensch die Liebe zum Tier als Ausgleich zum täglichen Stress gefunden hat. Neben dieser Liebe zum Tier sorgt die Treue und ergebene Kreatur auch für einen gewissen Ausgleich wirtschaftlicher und menschlicher Enttäuschungen. Auch das zunehmende Interesse am Reitsport im Sinne der Erhaltung der Gesundheit wird auch in ferner Zukunft mit dazu beitragen, dass die Auftriebs- und Besucherzahlen sich nicht vermindern.
Mit dem Pferd allein ist es aber noch nicht getan, es gehört auch Sattel-, Zaumzeug, Geschirr und Wagen etc. dazu. Anfangs der 50er Jahre verkaufte ein Händler Peitschen und Seilerwaren auf dem Pferdemarkt, heute ist die Zahl der Händler bereits auf 20 angestiegen. Mann kann alles kaufen, was zur Pferdehaltung und zum Pferdesport benötigt wird und kann das ganze Zubehör auch an Ort und Stelle ausprobieren.

Nicht zuletzt sei noch erwähnt, dass auch für das leibliche Wohl der Beschicker und Besucher gesorgt ist. Schon in den 50er Jahren gab es eine kleine Bewirtschaftung mit Bier und Würstl auf dem Pferdemarkt. Heute hat die Bewirtschaftung einen wesentlich größeren Umfang angenommen: Es gibt hausgemachte Schweinswürstl vom Holzofengrill nach Altmünchner Art, Weißwürste, Wiener, Pfälzer, Dampfwürste und Münchner Leberkäs. Dazu gibt's Bier aus dem Holzfass, außerdem wird Schnaps, Glühwein, Kaffe, Tee, Limo und Kola angeboten.

Zusammenfassend ist heute über den Münchner Pferdemarkt zu sagen, dass er sich in einer gewissen Bevölkerungsschicht seiner Beliebtheit erfreuen kann und der Pferdemarkt für so manchen Tierliebhaber ein kleines Ausflugsziel bedeutet. Es gibt Besucher, die fast zu jedem Markt erscheinen, um mit dem Pferd in nähere Beziehung zu kommen, es zu streicheln und dann an der Vorführbahn zu stehen und die Pferde beobachten zu können.
Dies bringt dem interessierten Beobachter Ruhe und Erholung. Hat der Betrachter eventuell auch noch die Möglichkeit, ein Pferd reiten zu dürfen, so bewahrheitet sich für ihn das alte Sprichwort: „Das größte Glück der Erde liegt auf dem Rücken der Pferde".
Der Münchner Pferdemarkt ist wahrlich für die Münchner sozusagen eine Oase der Erholung und des Vergnügens geworden.

Auch Tränen und Enttäuschungen gibt es ab und an zu sehen. So zum Beispiel wenn das liebgewordene Tier aus Futtermangel oder anderem Grund verkauft werden muss. Hier zeichnet sich ganz deutlich ab, dass ein Pferd eben doch mehr bedeutet als ein bloßes Tier, man verliert sozusagen einen Freund.

So mancher Besucher will auch nur seinen Bedarf an Zubehör decken, in der geräuschreichen und wiehernden Atmosphäre mit 300 bis 400 Pferden Brotzeit machen, eine Maß aus dem Fass trinken und mit schmunzelndem und fröhlichem Gesicht die kleine Jahrmarktidylle wieder verlassen.

Januar 1977, unbekannter Verfasser

Aufbau der Fotoinstallation „Von Rössern, Reitern und Händlern: Der Rossmarkt damals" auf dem Gelände des ehemaligen Pferdemarktes im Mai 2015

Eintritt: 3,00 €

Kinder bis 14 Jahre haben in Begleitung eines Erwachsenen freien Eintritt.

Münchner Pferdemärkte 2006

für Sport-, Freizeit-, Gebrauchs-Pferde
Reitsport-Zubehör rund ums Pferd

Für das leibliche Wohl ist gesorgt!

im Städt. Viehhofgelände an der Zenettistraße

Anschluß zum Markt: U-Bahn-Station Goetheplatz oder Poccistraße

immer 1. Samstag im Monat

7. Januar	1. April	1. Juli	7. Oktober
4. Februar	6. Mai	5. August	4. November
4. März	3. Juni	2. September	2. Dezember

Marktbeginn: 7 Uhr – Marktschluß: 13.00 Uhr

Auftrieb der Pferde ab 6 Uhr – Auftriebsschluß 10 Uhr

Einkaufs- und Liefergenossenschaft der Viehkaufleute Bayerns e. G.

80337 München · Tumblingerstraße 42 · Telefon (089) 76 54 10

Marktleiter: Bietsch & Gassner · Tel. 0173 / 4 88 58 89

Münchener
Pferdemärkte 1996
Samstag
An die Benutzer
und Besucher
des Pferdemarktes
München

Eingangshäuschen des Viehhofgeländes in der Zenettistraße. Gesehen 1996 (oben) und 2013 (unten)

Führung über das Viehhofgelände am Tag des offenen Denkmals 2015

Marktende des Pferdemarktes am Mittag 1996. Im Hintergrund jeweils das Gebäude der ehemaligen Viehbank

Präsentation der Pferde auf der Laufstrecke entlang der Einstell-Stallungen

Die nach dem Abriss der Halle noch erhaltenen Einstell-Stallungen

Sprayer-Aktion 2015

Blick von der Zenettistraße aus auf das brachliegende Gelände

Pferdehandel in der Halle

Zwischennutzung als Freiluftkino der Brache nach dem Abriss der Halle

Ansicht der Einstell-Stallungen während einer Sprayaktion

Die Einstell-Stallungen während der Zeiten des Pferdemarktes

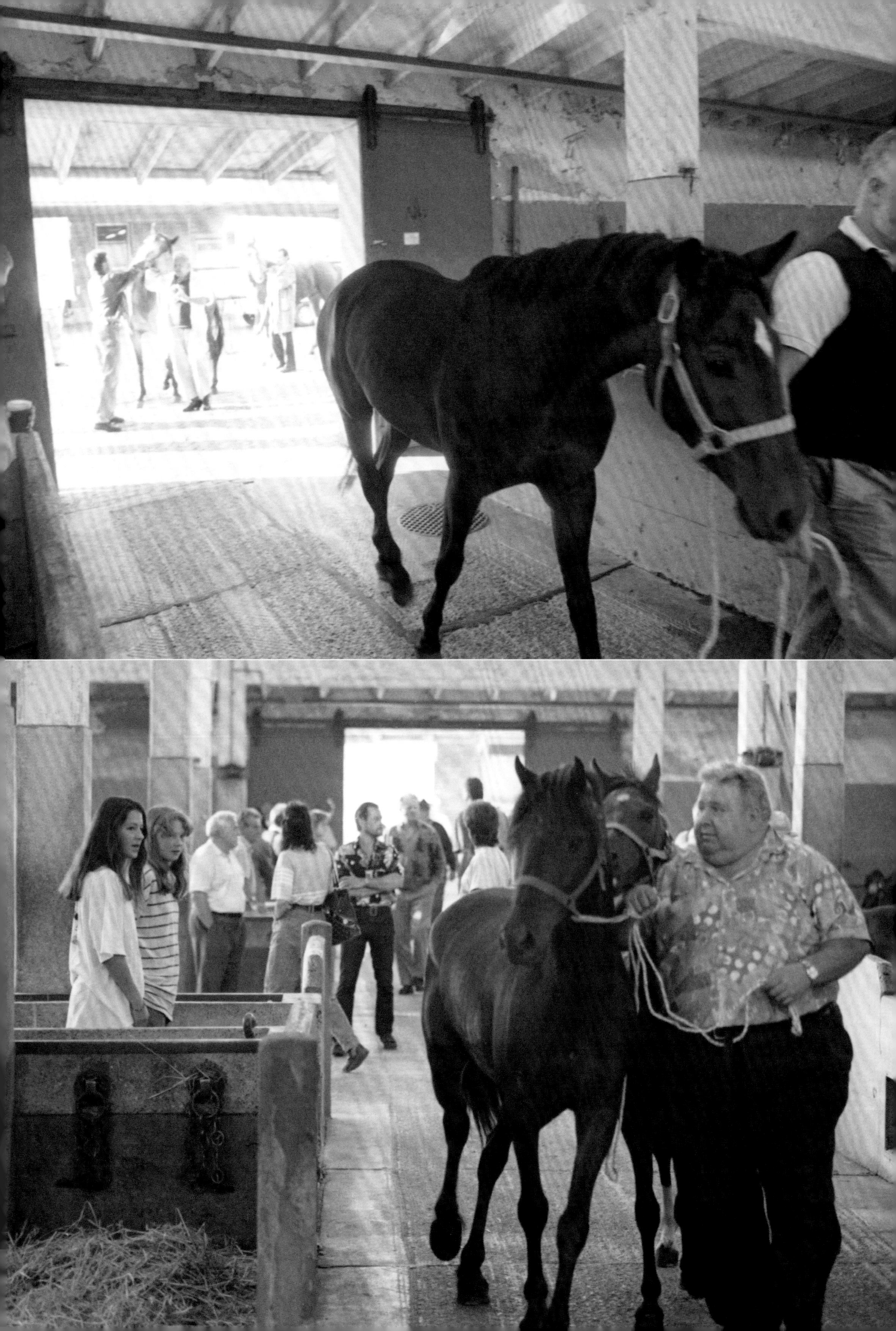

Vermeidet jede Tierquälerei

Dem Gaul ins Maul geschaut

Es ist 6.30 Uhr im städtischen Viehhofgelände in der Zenettistraße. Der Mann im Eingangshäuschen gibt für vier Mark eine Eintrittskarte heraus und schiebt das kleine Fenster zum Schutz gegen die morgendliche Kälte eilig wieder zu. Das wird er noch ein paar Mal wiederholen müssen. Denn heute ist – wie jeden ersten Samstag im Monat – Pferdemarkt in München. Eine „feststehende Größe in der Szene der Pferdeliebhaber“, wie ihn Marktleiter Ulrich Simeth beschreibt. Zwischen 1200 bis 1800 regelmäßige Besucher geben ihm Recht. Noch bevor die ersten Hobbyreiter und Famlienausflügler eintreffen, rollen Autos mit Pferdeanhängern auf den Hof, dampfen bereits die Weißwurstkessel an kleinen Imbissständen vor und in der Viehmarkthalle und bereiten Händler im vorderen Teil der Halle ihre großen und kleinen Waren aus: Kutschen, Pferdedecken, Zaumzeug und so nützliche Ratgeber wie „Hilfe, mein Pferd hustet“.

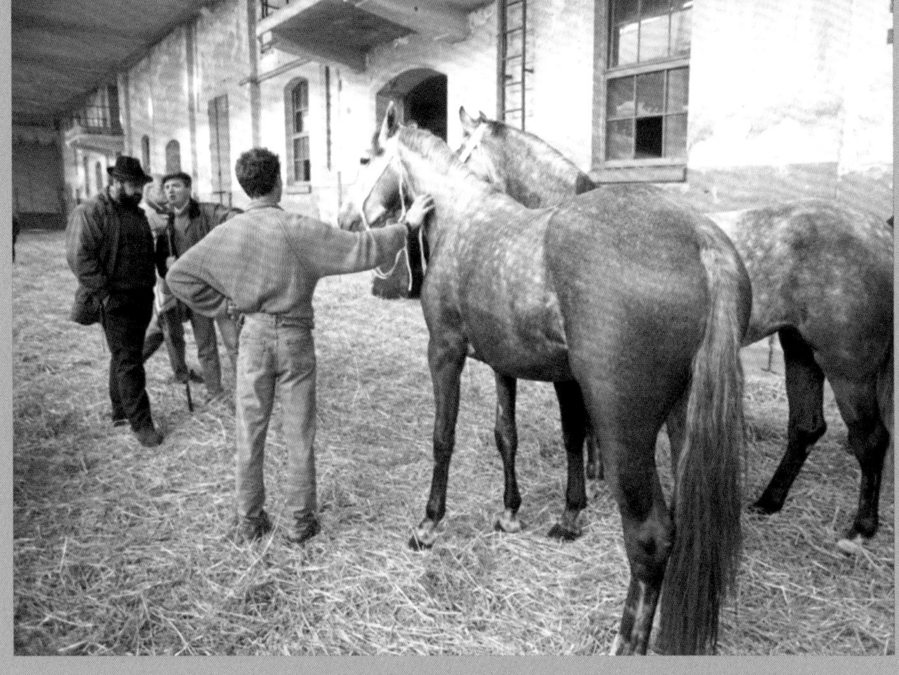

Reihen von Biertischen und der größte Teil der Halle sind noch leer. Hier liegt schon das Stroh auf dem Boden bereit. Und dann kommen sie: Wiehernd, schnaufend, von ihrem Besitzer oder Pfleger an einem Strick gehalten, stampfen die Pferde paarweise durch ein Tor in die Halle.
Die ersten Schaulustigen stehen respektvoll Spalier. Pferdehändler und Hobbyzüchter suchen für sich und ihre fast 200 Tiere einen Platz für die nächsten fünfeinhalb Stunden. Vier Pferde hat ein junger Mann mit Wollmütze und Fleecepulli mitgebracht. Der 37jährige heißt Franz-Josef Gerstenlauer und kommt aus der Nähe von Ulm. „Die zwei da habe ich selbst großgezogen“, sagt er über zwei Welsh-Ponys, eine dreijährige Stute mit einjährigem Fohlen. Und da tut es ihm nicht leid, die beiden Schecken jetzt zum Verkauf anzubieten? „Wenn's immer mehr werden“, sagt er lachend, „was wollen Sie da machen?“ Immerhin habe er bereits 20 Pferde, vom Pony bis zum Großpferd. Seine Eltern haben einen landwirtschaftlichen Betrieb, er selbst arbeitet in einer Holzfirma und züchtet nur als Hobby. 3.500 Mark verlangt er für ein Pferd. „Zur Zeit verkauft man schwer, ist zuviel Ware da“, begründet er den niedrig anmutenden Preis.

Grund zur Langeweile hat er auf dem Pferdemarkt trotzdem nicht. Immer wieder fragt ihn jemand neugierig nach Alter, Herkunft oder den Preis der Tiere. Immer wieder begrüßen ihn andere Händler, ständig wird gefachsimpelt. „Die kenne ich alle, weil ich immer hier bin“, so Gerstenlauer.
Auch Familienvater Walter Henseler, 45, kommt jeden Monat. „Nur interessehalber“, wie er sagt, „und zum Brotzeitmachen, Weißwurstessen. Das ist im Vordergrund. Und man trifft hier oft dieselben.“ Drei Ponys für Kutschfahrten habe er daheim im Stall.

Mehr will er auch gar nicht. Trotzdem hat er sich um sechs Uhr mit seinem zwölfjährigen Sohn Sebastian auf den Weg gemacht, ist die 125 Kilometer von seinem Heimatort Memmingen nach München gefahren, denn „für'n Rossmarkt steht man gern früh auf", sagt er. Von noch weiter her hat es den bärtigen Mann in Blousonjacke verschlagen, der sich auf englisch nach den beiden Schecken von Franz-Josef Gerstenlauer erkundigt. Der Fremde ist mit seiner Frau aus Prag gekommen, erzählt er später. Zwar reite nur seine Frau, aber er lese gern über Pferde und habe dabei in seiner Zeitung den Münchner Pferdemarkt entdeckt, den er sich heute mal ansehen will.

So stattlich oder niedlich manche der Tiere auch wirken, Spitzenpferde sind keine darunter. Verkauft werden, so Marktleiter Simeth, „allgemeine Gebrauchspferde für den Sport, für Kutschen oder als Haustiere". 10.000 Mark für ein Tier sei auf diesem Markt das Maximum.

Regelmäßige Pferdemärkte sind in Deutschland selten: „Davon gibt es nur noch zwei in Deutschland, die anderen sind Jahresmärkte oder finden zu Festtagen statt", sagt Simeth. Deshalb kommen Händler aus allen Landesteilen, sogar aus dem benachbarten Ausland hierher. Für acht Mark Gebühren können sie ein Fohlen, für 15 Mark ein Pferd über Stockmaß von 1,40 Meter zum Verkauf anbieten.

In der Viehmarkthalle sind jetzt mehr Menschen als Tiere, alle Biertische sind belegt. Ab und zu wird das Stimmengewirr von einem Wiehern, einmal sogar von einem langgezogenen „Iaaaa!" untermahlt. In einer der Boxenreihen haben sich Menschentrauben gebildet. Ein kleiner, älterer Herr in langem braunen Mantel, mit Schaltuch und Hut beherrscht hier peitschenknallend das Geschehen. „Vorsicht", warnt er mit kräftiger Stimme die Menge, während einer seiner Helfer mit dem Pferd den Gang entlangläuft, damit potentielle Käufer das Tier begutachten können. „Berger ist mein Name", knurrt der Mann im Mantel, eine Zigarre im Mundwinkel. Dass er seit 53 Jahren Pferdehändler ist, wie sein Vater vor ihm, und dass er für seinen Beruf geboren ist, kommt ihm kurz und knapp über die Lippen, dieser Mann ist „im Dienst". Und auf das rege Treiben in seiner Boxenreihe angesprochen: „Wir haben gute Ware, verkaufen jeden Monat 20 Pferde."

Auch Sandra Haas hat sich seine Visitenkarte geben lassen. „Ich suche ein Familienpferd. Ruhig und nicht ganz so schmal – aufgrund meiner Körperbeschaffenheit“, fügt sie lächelnd hinzu. Aber die 37jährige Freizeitreiterin und Mutter von zwei Kindern will sich mit ihrer Entscheidung Zeit lassen: „Man muß schon schauen, so ein Pferd kauft man ja nicht mal so eben wie ein Eis am Stiel, das hat man dann ja auch 20 Jahre.“

Noch bevor der Markt um 12.30 Uhr schießt, hat sich auch bei Franz-Josef Gerstenlauer etwas getan. Das Fohlen hat er per Handschlag verkauft. Vielleicht hätte er dafür gar nicht auf den Markt fahren müssen, denn der Käufer ist ein Bekannter, ein 67 Jahre alter Vieh- und Pferdehändler, wie Gerstenlauer aus der Nähe von Ulm. Nicht zum Markt zu fahren wäre für den berufsmäßigen Viehhändler Karl Battran undenkbar. Seit den fünfziger Jahren habe er jeden Samstag hier gestanden, selbst als er nach einem Unfall völlig eingegipst war. „Das waren Zeiten, in den fünfziger, sechziger Jahren“,

schwärmt der freundliche grauhaarige Herr, „da war noch Betrieb hier, die Hallen waren voll. Franzosen, Italiener und Belgier – von überall her kamen sie zum Kaufen. Da war ein Handel. Früher sind auch viel mehr Schlachtpferde gekommen, jetzt kommen ja so gut wie gar keine mehr. 20, 30 Pferde haben wir da hergeschafft, was man da gehandelt hat ...“ Heute sei der Pferdehandel für ihn

nur noch ein Hobby. Zwei Reitpferde hat er mitgebracht, zwei neue nimmt er wieder mit nach Hause. Auch seine Frau habe heute morgen gefragt, ob er denn wirklich schon wieder nach München müsse. „Aber ich war so viele Jahre auf dem Markt, jetzt treibt's mich noch immer her. Ich will einfach die Kollegen, will den Markt wiedersehen.

Doris Rasch, 1998

Marktende am Mittag: Die Pferde werden aus der Halle geführt

Schild vom damaligen Pferdemarkt auf dem heutigen Viehhofgelände

Volksfestähnliche Stimmung auf dem damaligen Pferdemarkt und im Freiluftbiergarten des Viehhofkinos

Fotoinstallation von Andreas Bohnenstengel. 6 Quader mit Aufnahmen von 1996 wurden 2015 auf dem Gelände ausgestellt

WESTFALIA

Rückblick
Bis ins 19 Jhd. fand der Pferdemarkt am Oberanger statt. Zwei Bronzepferde des Künstlers Claus Nageler und die Adresse Rossmarkt erinnern daran.

Danach *Der letzte Pferdemarkt in München fand 2006 statt. Die Veranstalter verlegten den Markt im Anschluss nach Miesbach.*
Im Bild die Oberlandhalle in Miesbach

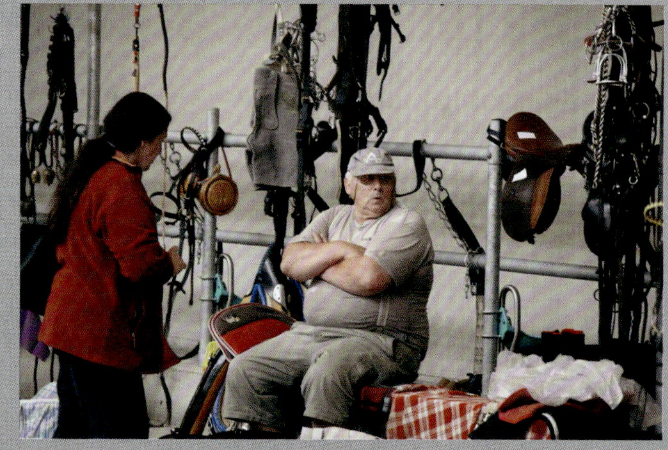

Andreas Bohnenstengel auf dem Münchner Pferdemarkt 1996

Andreas Bohnenstengel begann zunächst als Pressefotograf beim Münchner Merkur und arbeitete anschließend für Magazine wie Der Spiegel, Stern und Eltern.
Mit seinen konzeptionellen Arbeiten thematisiert er gesellschaftliche Themen wie z.B. Menschen auf der Flucht, Menschen mit Behinderung oder Menschen in Transformationsprozessen. Zahlreiche Veröffentlichungen, Ausstellungen und Ehrungen (z.B. der Medienpreis für Sozialfotografie) haben Ihn und seine Arbeit bestätigt.

Intention der Arbeit

Der Münchner Stadtteil Isarvorstadt unterliegt einem Wandel, der Gentrifizierung genannt wird. Firmen und Handwerker verlegen ihre Verwaltung und Produktion in andere Stadtteile oder ziehen aus München weg, freiwerdende Flächen werden mit Luxuswohnungen bebaut, ein Theater soll auf dem Gelände des Viehhofs errichtet werden.

Die Fotodokumentation des Münchner Pferdemarktes hat bei der Bevölkerung aus dem Viertel einen Symbolwert. Es steht für die „Alte" Isarvorstadt. Für eine Zeit in der das Viertel nichts Besonderes war und die untere Mittelschicht, bzw. Arbeiter Wohnraum fanden. Diese „Alte" Isarvorstadt wird nach und nach in den nächsten Jahren verschwinden, bzw. sich wandeln. Die Fotografien bieten eine Grundlage für Erinnerungen aber auch für Diskussionen, die zu einer Meinungs- und Willensbildung der Bevölkerung führen könnte, sowie deren Mitgestaltung.

Andreas Bohnenstengel auf dem Miesbacher Pferdemarkt 2015

Seine Arbeitsweise ist die eines Sozialforschers im Feld. Für gesellschaftliche Tatsachen, Gepflogenheiten und Normen sucht er Bilder, die über den Moment hinausweisen und Gesellschaft, vertreten durch unterschiedliche Akteure und Milieus dokumentieren aber auch hinterfragen sollen. Veranschaulicht werden soll das rein Wesentliche im Zufälligem. Dabei greift Bohnenstengel auf Konzepte der Phänomenologie zurück, die mit primär fotografischen Mitteln angewendet und in klassischen handwerklichen Verfahren umgesetzt werden.